AF248434

VIE ET VERTUS

DE LA BIENHEUREUSE

GERMAINE COUSIN

BERGÈRE

Par M. Louis VEUILLOT

PARIS

VICTOR PALMÉ, LIBRAIRE-ÉDITEUR

22, RUE SAINT-SULPICE

—

1865

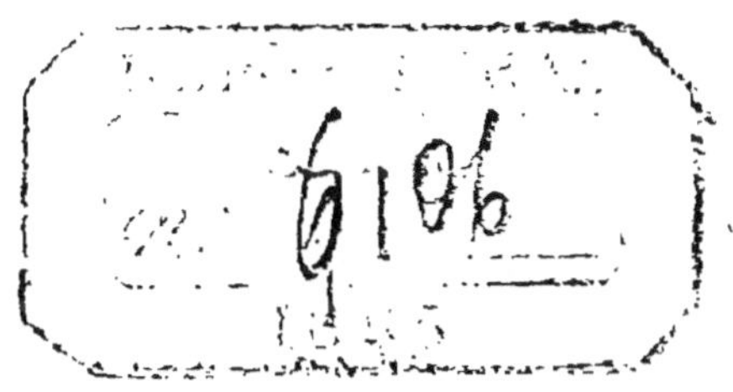

VIE ET VERTUS

DE LA BIENHEUREUSE

GERMAINE COUSIN

BERGÈRE

VIE ET VERTUS

DE LA BIENHEUREUSE

GERMAINE COUSIN

BERGÈRE

Par M. Louis VEUILLOT

PARIS

VICTOR PALMÉ, LIBRAIRE-ÉDITEUR

22, RUE SAINT-SULPICE

1865

VIE ET VERTUS

GERMAINE COUSIN

BERGÈRE

I

Germaine Cousin naquit à Pibrac, village d'environ deux cents feux, dans la Viguerie de Toulouse, vers 1579.

Son père était un pauvre cultivateur, la tradition lui donne le nom de Laurent; sa mère se nommait Marie Laroche. L'enfant qui venait accroître cette famille indigente parut, dès les premiers instants, vouée à la souffrance et aux afflictions. Elle apportait en naissant de cruelles infirmités, étant percluse de la main droite et atteinte de scrofules. A peine sortie du berceau, elle devint orpheline : Dieu lui retira sa mère. Et comme s'il fallait que toutes les épreuves à la fois s'accumulassent sur cette tête si frêle, le père de Germaine ne tarda pas à se remarier. Cette seconde femme eut des enfants. Ainsi qu'il arrive trop souvent, au lieu de prendre en pitié l'orpheline que la Providence lui confiait, elle la prit en aversion. Voilà donc de quelle sorte Germaine commença la vie : pauvre, infirme, orpheline, placée sous le joug d'une marâtre. Mais n'en jugeons pas comme le monde; ce furent là les premières grâces de Dieu : jetant tout de suite dans le creuset l'or de cette âme, il en tira tout de suite le trésor épuré dont il voulait enrichir la terre et le ciel. C'est aux misères de sa condition que Germaine dut l'éclat hâtif de son humilité, de sa patience et de ses autres vertus. Elle aima la douleur comme une sœur née avec elle, placée avec elle dans son berceau, sa constante et son unique compagne depuis son premier cri jusqu'à son dernier soupir.

II

Dès qu'elle fut en âge, sa marâtre, qui ne pouvait la souffrir dans la maison, la mit à la garde des troupeaux. Elle y resta jusqu'à la fin de ses jours.

La solitude est mauvaise à qui n'y vit pas avec Dieu, et ce métier de pasteur dans la liberté des champs, si innocent en lui-même, est loin, trop ordinairement, de protéger les mœurs des enfants qu'on y emploie, outre qu'il les condamne à une profonde et dangereuse ignorance des choses spirituelles. Pour Germaine, ce fut un repos et une faveur, une source de lumière et de bénédictions. Le grand Dieu qui se cache aux savants et aux superbes, mais qui aime à se révéler aux petits et aux humbles, se faisait entendre au cœur de la petite bergère par les merveilles de la création au milieu desquelles elle vivait, les contemplant des regards intelligents de l'innocence. Bienheureux les cœurs purs, car ils verront Dieu! Ils le verront dans le livre qu'il a écrit pour eux sur les tentes du ciel semées d'astres brillants, et sur la surface de la terre couverte d'herbe et de fleurs.

On ignore de qui Germaine reçut les premières leçons, quelle voix amie de son infortune lui révéla les grandes vérités du salut. En tout cas, cette voix fit peu et n'eut pas beaucoup à faire. Dieu lui-même acheva l'éducation chrétienne de sa servante. Ainsi Germaine sut de bonne heure ce que n'apprennent jamais ceux qui ne demandent pas à Dieu de les instruire.

Dans les solitaires entretiens de ce grand Dieu, créateur de toutes choses, avec cette chétive enfant, moins précieuse peut-être aux yeux de la plupart des hommes que l'indigent troupeau sur lequel elle veillait, tout devenait parole et lumière, tout était force, espérance et consolation. Entourée des créatures de Dieu, elle les entendait louer Dieu, et tous les mouvements de son âme s'unissaient à leur cantique éternel. Désormais donc le monde n'avait rien à enseigner à cette ignorante qui connaissait Dieu, et rien à donner à cette indigente qui aimait Dieu.

Moyennant cette grâce, la solitude que lui imposait sa profession lui devint délicieuse, non pas tant parce qu'elle s'y trouvait à l'abri des duretés et des mauvais traitements de sa marâtre, que parce qu'elle y jouissait de la présence de Dieu. *O beata solitudo, o sola beatitudo!* O bienheureuse solitude, ô seule béatitude! disaient les Pères du désert. Aussi savante dans la science de la vie par le seul instinct de sa piété et de son amour que les saints solitaires l'étaient devenus après une longue expérience des choses humaines, notre petite bergère se créait une retraite dans la retraite même. Jamais on ne la vit rechercher la compagnie des autres enfants ; leurs jeux ne l'attiraient pas, et leurs rires ne troublaient point ses recueillements. Elle ne parlait quelquefois aux filles de son âge que

.pour les exhorter à se souvenir de Dieu.

III

Ainsi marchait Germaine dans son rude chemin, accablée d'afflictions, joyeuse en esprit, ne comptant pas les peines que Dieu lui envoyait, et ne lui demandant pas d'en diminuer le nombre ni d'en alléger le poids. Soumise à l'ordre de la Providence, elle ne songeait qu'à donner à Dieu d'une manière toujours plus parfaite ce qu'il voulait d'elle dans l'état où sa main miséricordieuse et sage l'avait placée. Elle aimait sa pauvreté et ses infirmités comme des moyens de salut. Exposée aux rigueurs des saisons, elle y voyait, elle y bénissait autant d'occasions de pénitence. Lorsque Dieu lui eut donné des témoignages éclatants de sa complaisance, en suspendant pour elle, pauvre petite, les lois ordinaires de la nature, elle ne le pria point de la guérir. Il lui sembla meilleur, quand Dieu l'aimait, de rester le rebut du monde et de garder ce fardeau de misère doublement précieux pour elle, puisqu'il la détachait d'elle-même et que Dieu l'aidait à le porter. Telle est la sagesse des saints, bien différente en ses lumières des vaines conceptions des prétendus sages de ce monde. Ceux-ci, luttant sans cesse contre la volonté divine et voyant leur bonheur partout où Dieu ne les a pas appelés, deviennent souvent plus coupables en se rendant plus malheureux.

IV

La pieuse bergère ne supportait pas avec moins de constance et de résignation les peines très - sensibles qui atteignaient son cœur. Aux plus misérables, la maison paternelle est un lieu de repos : il n'y a point d'indigence, ni d'afflictions d'esprit, ni de disgrâces corporelles qui les empêchent d'y trouver cette joie qui surpasse toutes les autres, le bonheur d'être aimé. Et par une prévoyance céleste, Dieu a placé dans le cœur des pères, à côté de ce trésor de tendresse commun à tous les enfants, quelque chose de plus, qui est la part surabondante de l'enfant disgracié.

Cette part, Germaine ne l'avait pas ; elle n'avait pas sa part légitime ; il n'y avait rien pour elle. On ne lui faisait pas sa place au foyer. A peine lui accordait-on dans la maison de son père un asile et un abri. Sa marâtre, toujours impérieuse, toujours irritée, la renvoyait dans quelque coin. Il n'était pas permis à Germaine d'approcher les autres enfants de la famille, ses frères et ses sœurs, qu'elle aimait tendrement, toujours prête à les servir, sans témoigner aucune jalousie des préférences ont ils étaient l'objet et elle la victime. L'implacable marâtre réduisait la jeune infirme à aller prendre son repos dans une étable, ou sur un tas de sarments au fond d'un couloir.

Germaine se taisait et se cachait. Dieu lui

apprenait à aimer assez les souffrances pour chérir ces humiliations et ces injustices ; et, comme si sa croix lui paraissait encore trop légère, elle y ajoutait des austérités. Elle se refusa constamment toute autre nourriture qu'un peu de pain et d'eau.

Elle accomplissait en elle ce mystère de la Croix, qui est le mystère de l'amour. A l'exemple de Jésus-Christ et pour l'amour de Jésus-Christ, elle aimait ceux qui ne l'aimaient point ; et toutes ces souffrances envoyées de Dieu par le moyen des créatures ne lui faisaient haïr qu'elle-même et l'attachaient davantage à Dieu.

V

Tant de conformités avec Jésus-Christ souffrant, pauvre et persécuté, entretenaient dans le cœur de Germaine une flamme ardente pour la personne adorable de son Rédempteur. Malgré tous les obstacles qu'y mettaient sa faiblesse et ses incommodités, elle assistait tous les jours au saint sacrifice de la Messe. Les obligations même de sa profession ne l'en dispensaient pas. Pleine de confiance, elle laissait son troupeau dans la campagne et courait se réfugier aux pieds du divin Pasteur.

Sans doute, une telle conduite eût été blâmable en beaucoup d'autres, et ceux-là ont une dévotion mal entendue qui, pour la satisfaire, négligent les devoirs de leur état. Mais, de la part de Germaine, ce n'était qu'une obéissance prompte et abandonnée à l'inspiration de Dieu. Elle savait qu'aucun accident n'arriverait à son troupeau et que le bon Dieu le garderait en son absence. Ne voulait-il pas que sa pauvre brebis eût aussi sa part de nourriture ?

Même lorsque ses moutons paissaient sur la lisière de la forêt de Boucone, riveraine des champs de Pibrac et abondante en loups, Germaine, au son de la cloche, plantait en terre sa houlette ou sa quenouille, et courait à l'appel de Celui qui a dit : « Ne craignez rien, petit troupeau, je serai avec vous. » A son retour, elle retrouvait ses moutons où elle les avait laissés, tranquilles et en sécurité comme au bercail. Jamais les loups ne lui en enlevèrent aucun, et jamais ce troupeau, gardé par la bergère absente, ne s'écarta des limites qu'elle lui avait marquées, ni ne causa le moindre dommage dans les terres voisines.

Et comme Dieu s'était plu à bénir les troupeaux de Laban, sous la conduite de son serviteur Jacob, de même il bénissait celui que conduisait sa servante Germaine. Dans tout le village, il y en avait de plus nombreux, il n'y en avait pas de plus beau.

La marâtre n'en prenait pas moins occasion des absences de Germaine pour l'accabler de reproches et d'injures. Plus d'une fois les autres habitants de Pibrac, témoins de la miraculeuse protection qui enveloppait le troupeau quand l'innocente bergère était à l'église, s'indignèrent contre cette méchante femme. Ils lui demandaient si elle n'était pas assez contente de la prospérité que Germaine attirait sur sa maison.

La bergère, cependant, toujours respectueuse et douce, mais affermie dans sa résolution d'honorer Dieu, continuait d'assister à la messe tous les jours. Dieu lui faisait connaître le prix infini de ce sacrifice qui est la continuation de la Cène, où Jésus-Christ s'est offert une fois, mais par une offrande perpétuelle et pour une éternelle immolation.

Quoique la pauvre et simple Germaine ignorât ce qui se passait dans le monde, il est impossible que le bruit de ces batailles, de ces séditions, de ces apostasies, de ces blasphèmes qui retentissaient de tous côtés et dans les environs même de son village, ne soit pas venu jusqu'à ses oreilles. Elle savait que les protestants brûlaient les églises et rejetaient la messe comme une idolâtrie; et l'on ne risque guère de se tromper en disant qu'elle se sentait animée d'une sainte ardeur à réparer, comme elle le pouvait, tant d'outrages.

VI

Germaine ne se contentait pas d'assister à a messe et d'en goûter l'ineffable mystère. Elle recourait assidûment au sacrement de Pénitence, afin de recevoir souvent le corps et le sang de Notre-Seigneur dans la divine Eucharistie. Persuadée de la nécessité de ces secours pour quiconque veut suivre avec fermeté la voie de la justice, on la voyait s'en approcher chaque dimanche et chaque fête de l'année. Elle venait au tribunal où l'Eglise exerce la puissance que Dieu lui a donnée de remettre et de retenir les péchés. Humble et sincère, elle y apportait ces fautes que le monde ne compte pas et ne voit pas, mais que les saints connaissent par le sévère regard qu'ils attachent sur eux-mêmes. Déjà sur ces fautes légères ils ont versé des larmes

2.

que Dieu bénit, et ils accomplissent, pleins d'allégresse, la réparation que leur impose une justice toujours prompte à pardonner.

Ne passons point si vite, quand nous voyons ce soin vigilant que les saints apportent à se purifier devant Dieu. Méditons leur exemple, faisons un retour sur nous-mêmes, apprenons de leurs soupirs quel est le prix et la nécessité de la pénitence, avec quel zèle il faut la demander, dans quelles dispositions il faut la recevoir.

VII

La ferveur de Germaine à la sainte communion offrait un spectacle si touchant, que tous ceux qui la voyaient en étaient ravis, et que l'impression n'en put être effacée par une longue suite d'années. Qui dira ce qu'éprouvait Germaine ? O Dieu des pauvres, ô Dieu des vierges, ô Dieu des humbles et des opprimés ! la bienheureuse enfant à qui vous vous donniez vous emportait en silence et ne s'entretenait qu'avec vous de son bonheur. Mais il vous a plu de faire parler ses œuvres, et vous avez voulu que le monde les entendît. De ce coin ignoré où elle a vécu seule à seul avec vous, de ces broussailles où elle vous priait de l'aider à garder ses moutons, de ces masures qui ne lui accordaient qu'à regret un abri, vous avez fait surgir sa tombe e tsa mémoire : tandis que les empires s'écroulaient, ensevelissant sous leurs décombres les œuvres des sages et la renommée des vaillants, vous avez élevé cette petite, vous l'avez placée en un rang de gloire parmi vos élus, *suscitans a terra inopem ;* et la voix du Chef suprême de l'Eglise a proclamé les grandes choses que vous avez faites en elle parce qu'elle vous a aimé !

Lorsqu'elle retournait à son travail, à sa servitude, emportant dans son cœur le Roi des cieux, elle s'en allait nourrie de votre esprit de pauvreté, vous, Christ, qui avez été pauvre jusqu'à n'avoir pas de quoi reposer votre tête adorable ; nourrie de votre esprit de chasteté, vous qui êtes la pureté même, le fils de la Vierge, l'ami des vierges, le chaste époux des vierges ; nourrie de votre esprit d'obéissance, vous qui avez été obéissant jusqu'à la mort, jusqu'à la croix ; nourrie de votre amour, ô victime d'amour, qui, ayant vidé le calice de nos crimes, avez aimé cette croix où vous mouriez pour des ingrats !

Et, fortifiée par cette nourriture céleste, Germaine, victorieuse de toutes les tentations de la misère et de l'ignorance, résignée en présence de toutes les injustices, calme dans toutes les souffrances, prenait son vol vers les cieux où sa pensée habitait déjà.

VIII

Pour y arriver plus sûrement, elle invoquait l'aide de Marie.

A ce nom béni, un concert de louanges s'élève dans toute l'Eglise. C'est le chant des Pères et des Docteurs, des Confesseurs et des

Martyrs, des Saints et des Vierges ; c'était déjà celui des Prophètes ; ce sera éternellement celui des Anges, et leurs voix seules, mariées aux harpes d'or qui retentissent dans les cieux, prononcent les paroles qui peuvent célébrer dignement la Mère très-sainte du Sauveur Jésus.

Les Saints, envoyés de Dieu pour servir d'exemple aux peuples et pour ranimer en eux le feu de la dévotion, n'ont jamais manqué de se signaler par leur amour pour Marie. Dès son bas âge, notre bienheureuse bergère avait donné des preuves de cette tendre et solide piété envers la Mère de Dieu. Son chapelet, qu'elle récitait souvent, était son seul livre. Il suffisait à cette âme éclairée d'en haut. L'*Ave Maria* lui ouvrait une source intarissable de lumières, de consolations et de ravissements. Elle le prononçait encore d'un cœur plus tendre aux heures où les fidèles ont coutume de réciter la Salutation angélique. Dès qu'elle entendait le premier coup de cloche qui depuis six siècles, dans tout l'univers, chante trois fois par jour cette prière entre la terre et les cieux, en quelque lieu qu'elle se trouvât, pour témoigner plus de révérence, elle se mettait à genoux. Telle était sa fidélité à cette pratique de piété, qu'on la vit souvent s'agenouiller ainsi au milieu de la boue et de la neige, sans prendre le temps de chercher une meilleure place.

IX

Une des œuvres que lui inspirait l'amour de Jésus et de Marie, était de réunir autour d'elle, quand elle le pouvait, quelques-uns des petits enfants du village. Elle s'appliquait à leur faire comprendre les vérités de la religion, et leur persuadait doucement d'aimer Jésus et sa divine Mère. Spectacle digne de l'admiration des Anges et cher aux regards de Dieu, que cette petite école tenue à l'ombre d'un buisson dans la campagne déserte ! école où le maître, qui peut-être ne savait pas lire, donnait à ses auditeurs à demi sauvages et leur faisait comprendre des leçons qu'un docteur n'aurait pas dédaignées.

On aime à se dire que les soins de cette charité charmante ne furent pas perdus, et que le grand Dieu qui ordonne de « laisser venir à lui les petits enfants, » garda dans la voie du salut ceux que lui avait si doucement amenés sa servante Germaine.

X

Ce que nous savons, c'est que la vertu de cette humble fille était admirée dans le village. Lorsque Dieu, longtemps après avoir rappelé Germaine, commença de manifester la gloire dont elle jouissait dans le ciel, les demeurants de l'époque déjà éloignée où elle avait vécu n'avaient pas encore oublié la modestie de son maintien, l'angélique douceur de son âme, ce je ne sais quoi de radieux qui l'entourait lorsqu'elle assistait aux offices et participait aux sacrements. C'était l'opinion de tout le pays, que jamais aucune action de sa vie ne lui avait fait perdre l'innocence du baptême.

XI

Cependant le monde est partout le même : il éprouve partout quelque aversion secrète contre la piété. Comme elle ne peut, si humble qu'elle se fasse, éviter de le censurer en quelque manière, et qu'elle le blesse par son humilité elle-même et par son silence, il ne peut pas aussi se défendre de la haïr. Elle lui impose l'estime, il s'en venge par la raillerie. Ce monde-là n'est pas seulement le monde des villes, on le retrouve aux champs ; ce n'est pas seulement le monde infidèle et hérétique, c'est le monde chrétien lui-même. Il est choqué de Jésus-Christ dans la personne de ceux qui se rendent imitateurs de Jésus-Christ ; et, lorsque leur vertu jette trop d'éclat pour qu'il puisse les calomnier, il se donne au moins la joie de les tourner en dérision.

L'humble Germaine, qui cherchait les seuls intérêts de notre Sauveur et non pas les siens, était donc un objet de scandale aux beaux esprits et aux libertins du village, et elle attira ainsi sur elle la persécution des railleries. On riait surtout de sa simplicité, et on ne l'appelait plus que la Bigote. Hélas! ces misérables moyens auxquels recourent les ennemis de Dieu ne sont pas aussi impuissants qu'on serait tenté de le croire. L'effroi du ridicule éloigne souvent de la religion des âmes qu'elle attire. Pour éviter les quolibets de quelques beaux esprits d'académie ou de village, des chrétiens, rougissant inutilement d'eux-mêmes, insultent à l'amour du Dieu qui leur tend les bras. Il existe beaucoup de ces hypocrites à rebours ; afin d'esquiver de puériles épigrammes, ils feignent l'incrédulité qui n'est pas dans leur cœur !

XII

Mais si Dieu permet pour la perfection de

ses saints que leur vertu soit tournée en ridicule dans le monde, il sait, quand il le veut,
la rendre aux yeux du monde même plus
glorieuse encore qu'elle n'a paru petite et
misérable. De même qu'il daignait garder
les moutons de Germaine quand elle les laissait dans les champs pour aller à la messe, il
lui plut de manifester par des faits plus
extraordinaires combien cette pauvre fille
dont on se moquait, cette infirme et cette
bigote, était agréable à ses yeux.

Pour se rendre à l'église du village, Germaine était obligée de traverser le Courbet,
ruisseau qu'elle passait à gué, sans difficulté,
dans les temps ordinaires, mais que parfois
les pluies d'orage enflaient et rendaient in-
franchissable. Or, un jour, comme elle se di-
rigeait vers l'église, suivant sa coutume, des
paysans qui la virent de loin s'arrêtèrent à
quelque distance, se demandant entre eux
d'un air railleur comment elle passerait; car
la nuit avait été pluvieuse, et le ruisseau,

extrêmement gonflé, roulait avec fracas ses
eaux qui auraient opposé une barrière à
l'homme le plus vigoureux. Germaine arrive
sans songer à l'obstacle, peut-être sans le
voir, et approche comme s'il n'existait pas.
O merveille de la puissance et de la bonté
divines! Comme autrefois les eaux de la mer
s'étaient ouvertes devant les enfants d'Israël
allant chercher la terre de promission, les
eaux du Courbet s'ouvrirent devant l'humble
fille de Laurent Cousin, et elle passa sans
mouiller seulement le bord de sa robe. A la
vue de ce prodige, que Dieu renouvela dans
la suite très-souvent, les paysans s'entre-re-
gardèrent avec crainte, et les plus hardis
commencèrent à respecter la pauvre enfant
dont ils avaient coutume de se moquer.

<h2 style="text-align:center">XIII</h2>

Après avoir ainsi, à diverses reprises, glo-
rifié la foi de Germaine, en écartant les obstacles matériels qui l'auraient empêchée de

3.

satisfaire sa religion, Dieu voulut aussi glorifier sa charité pour les pauvres.

Si quelqu'un pouvait se croire exempté du
devoir d'assister les pauvres par l'aumône,
c'était bien notre Germaine. Certes, elle n'a-
vait point de superflu à donner, puisque
le nécessaire même lui manquait! Quelle
convoitise à retrancher dans cette vie d'extrêmes privations et de rudes pénitences?
Quelle épargne faire sur les fruits du travail
pour lequel elle ne recevait qu'un peu de
pain et d'eau, et qui n'obtenait hors de là
d'autre gain que des injures et des mauvais
traitements? Mais, d'un autre côté, cette servante de Jésus-Christ, voyant un pauvre,
n'aurait-elle pas vu dans ce pauvre Jésus
souffrant? Et comment, voyant ainsi souffrir
son maître, aurait-elle pu n'être pas pressée
de le secourir? Ce n'était pas elle qui voulait trouver une excuse dans ses propres be-
soins, dans sa propre indigence, dans son
entier dénûment. Elle accomplissait tout en-

tier cet immense et sublime enseignement du christianisme, qui consiste en deux mots, mais deux mots où est renfermée toute la vie et toute la doctrine du Sauveur Jésus : *Souffrir, compatir*. La souffrance pour elle, la compassion pour autrui; souffrance patiente et silencieuse, compassion ardente, active, efficace.

On lui donnait pour sa nourriture un peu de pain; ce fut son offrande. Ce fut la sainte et précieuse aumône qu'elle prit l'habitude de faire aux pauvres, doublement joyeuse de pouvoir à la fois secourir leur misère et augmenter le trésor de ses privations.

O Dieu! ce sont là ces actions des saints qui nous feront un jour les reproches que vous annoncez avec de si formidables menaces. Que dira le riche Epulon, lorsqu'il verra s'élever contre sa dureté les aumônes de Lazare?

Et ce n'est pas tout. Ce trait héroïque de tendresse envers les pauvres fut pour Germaine une occasion continuelle de rudes épreuves. Ses pieuses libéralités, que Dieu multipliait peut-être, rendirent sa fidélité suspecte. Comme on ne devinait pas les ressources que sa compassion savait lui créer au profit des pauvres, elle fut accusée de voler le pain de la maison. Sa marâtre n'hésita pas à la croire coupable et n'en demanda pas davantage pour la traiter avec la dernière rigueur.

XIV

Un jour la méchante femme apprend que Germaine, qui venait de partir à la suite du troupeau, emportait dans son tablier quelques morceaux de pain. Elle s'arme d'un bâton, et, furieuse, court après la jeune fille. Quelques habitants de Pibrac cheminaient en ce moment vers la métairie de Laurent Cousin. Voyant cette femme hors d'elle-même, ils devinèrent son projet et la suivirent en doublant le pas, dans le dessein de protéger Germaine contre le mauvais traitement dont elle était menacée. Ayant rejoint la marâtre, ils apprirent d'elle le sujet de son emportement, et ils arrivèrent ensemble auprès de la bergère. Aussitôt la marâtre arrache le tablier de Germaine; mais, au lieu de pain qu'elle y croyait trouver, il n'en tomba que des fleurs nouées en bouquet, dans une saison où la terre n'en produit point. Ainsi Dieu renouvela pour cette pauvre fille le miracle qu'il avait opéré en faveur de sainte Elisabeth, duchesse de Thuringe, et confondit par le même moyen la malice de sa cruelle ennemie.

Saisis d'admiration, les témoins du miracle allèrent aussitôt dans Pibrac publier ce qu'ils venaient de voir. Bien des gens alors, apprenant à ne plus railler la dévotion de cette infirme que Dieu aimait, changèrent en éloge le nom injurieux qu'ils lui avaient donné. A partir de ce moment, suivant la tradition juridiquement recueillie en 1700 par l'archevêque de Toulouse, on la regarda comme une sainte. Laurent Cousin, concevant des sentiments plus tendres pour la vertueuse fille qu'il avait trop méconnue, défendit à sa femme de la tourmenter davantage et voulut lui donner place dans sa maison avec ses autres enfants. Mais Germaine, accoutumée à la souffrance et amoureuse des privations, le supplia de lui laisser habiter le réduit obscur où elle s'était dès longtemps confinée.

Ainsi, ce fut dans ce triomphe que Germaine atteignit et fit voir la perfection de son humilité. Il ne faut pas considérer que c'était un mince honneur d'être respectée à Pibrac, et un faible avantage d'avoir place au foyer de Laurent Cousin. Il faut considérer la nature humaine qui est la même partout, qui partout recherche avidement les éloges de l'opinion et les aises de la vie, quels qu'ils soient. Il n'est point de petit théâtre pour l'ambition, et l'on sait qu'il se fait autant de brigues pour la première place du village que pour la première de l'Etat. Admirons donc Germaine, humble devant les hommes comme elle l'était devant Dieu, et connaissons sa grandeur, puisqu'il n'y a point de vraie grandeur qui ne soit appuyée sur l'humilité. Dans la céleste figure de la Mère de Dieu, quel est le trait qui domine? C'est l'humilité. Le fils unique de Dieu, Jésus-Christ, notre Sauveur, nous enseigne l'humilité par sa naissance, par sa mort et par toute sa vie.

XV

Le Sauveur Jésus ne voulut pas que sa pauvre servante attendît longtemps l'accomplissement de ses divines promesses. La mort de Germaine suivit de près le miracle des fleurs. Dieu, l'ayant sanctifiée par l'humiliation et par les souffrances, la retira de ce monde lorsque les hommes, devenus plus équitables, commençaient de rendre à sa vertu les honneurs qu'elle méritait. Elle termina une vie obscure et cachée par une mort semblable. Selon toute apparence, ce terrible moment qui confond l'arrogance humaine,

mais que l'humble Germaine n'avait pas sujet
de redouter, fut pour elle sans épouvante et
sans douleur.

Un matin, Laurent Cousin, ne l'ayant pas
vue sortir comme à l'ordinaire, alla l'appeler
sous l'escalier où elle avait voulu continuer
de prendre son repos. Elle ne répondit point.
Il entra et la trouva morte sur son lit de sarments : elle s'était endormie dans sa prière.
Dieu, l'ayant appelée par son nom avec la
douce parole qui réjouira éternellement les
âmes saintes, elle avait cessé de souffrir.

O mort ! redoutable aux impies, mais pour
les enfants de Dieu, vain fantôme ! cette faible
bergère t'a vue venir, elle n'a pas tremblé.
Que pouvais-tu ôter à celle qui était morte à
elle-même et qui n'avait rien possédé en ce
monde que pour l'offrir à Jésus-Christ?

Ce fut l'an 1601, vers le commencement de
l'été, que notre bienheureuse entra dans la
possession irrévocable de son Sauveur. Elle
avait vingt-deux ans.

XVI

Lorsque Germaine mourait sans témoins sur le grabat où tant de fois sa patience avait réjoui les regards des Anges, Dieu se plut à manifester par un nouveau prodige combien cette mort était précieuse devant lui. Deux religieux allant vers Pibrac, surpris par l'obscurité, avaient été obligés de s'arrêter dans la forêt voisine et d'y attendre le jour. Au milieu de la nuit, tout à coup, les bois furent illuminés d'une clarté plus belle que celle de l'aurore, et une troupe de vierges, vêtues de blanc et environnées d'une lumière éclatante, parurent aux regards des deux voyageurs, se dirigeant du côté de la chaumière de Laurent Cousin. Bientôt après elles repassèrent, mais il y en avait une de plus, et celle-ci, à qui les autres faisaient cortége, portait une couronne de fleurs nouvelles.

Les deux religieux pensèrent qu'une âme

sainte avait quitté la terre. Le lendemain, étant arrivés à Pibrac, ils y apprirent que Germaine venait de mourir.

Le peuple accourut à ses funérailles. Il voulait honorer celle qu'il avait trop long-temps méprisée, trop tard connue. Ce fut le premier hommage de la vénération publique.

Germaine fut enterrée dans l'église, suivant l'usage de cette époque, en face de la chaire. Toutefois sa place n'eut rien qui la distinguât des autres et ne fut marquée par aucune inscription.

XVII

Le souvenir des bons exemples et des vertus de Germaine n'avait pas péri parmi les habitants de Pibrac ; mais rien n'était venu le raviver d'une manière extraordinaire, et ceux qui avaient connu la pieuse fille disparaissaient peu à peu. On avait même oublié la place où elle reposait, lorsqu'enfin il plut à Dieu de manifester hautement la gloire de son humble servante et de lui donner en quelque sorte une nouvelle vie.

Ce fut vers 1644, à l'occasion de l'inhumation d'une de ses parentes, nommée Endoualle. Le sonneur, se disposant à creuser la fosse dans l'église, avait à peine levé le premier carreau, qu'un corps enseveli se montra. Aux cris que poussa cet homme, effrayé de trouver ainsi un cadavre, quelques personnes venues pour entendre la messe accoururent autour de lui. Elles virent et elles ont attesté que le corps était à fleur de terre, et que l'endroit du visage qui avait été touché par la pioche offrait l'aspect de la chair vive.

Le bruit de cet étrange événement s'étant aussitôt répandu, les habitants du village vinrent en foule à l'église pour voir par eux-mêmes ce qu'on leur avait annoncé.

Alors, et en présence de tout le peuple, ce corps, qui n'avait pu que par miracle être ainsi élevé presque à la surface du sol, fut découvert tout à fait. On le trouva entier et préservé de la corruption. Les membres étaient attachés les uns aux autres par leurs jointures naturelles et couverts même de l'épiderme. La chair paraissait sensiblement molle en plusieurs parties. Les ongles des pieds et des mains étaient parfaitement adhérents. La langue même et les oreilles, desséchées seulement, étaient conservées comme le reste.

Les linges et le suaire qui revêtaient ces restes précieux avaient pris la couleur de la terre, mais ils n'étaient pas plus atteints que le corps lui-même.

Les mains tenaient un petit cierge et une guirlande formée d'œillets et d'épis de seigle. Les fleurs n'étaient que légèrement fanées, les épis n'avaient rien perdu de leur couleur; ils contenaient encore leurs grains, frais comme au temps de la moisson.

A l'une des mains se remarquait une difformité, et le cou portait des cicatrices.

A ces signes, tous les anciens de la paroisse

publièrent que c'était là le corps de Germaine Cousin , morte depuis quarante-trois ans , qu'ils avaient eux-mêmes connue et dont ils avaient vu les funérailles.

Dès lors, la miraculeuse apparition et la miraculeuse conservation de ce corps n'étonnèrent plus personne. On le plaça debout près de la chaire de l'église, et il y fut laissé dans la même situation, exposé à la vue de tout le monde, jusqu'à ce qu'un nouveau miracle donna lieu de le placer plus décemment.

XVIII

Vers l'an 1645 , dame Marie de Clément Gras, épouse de noble François de Bêauregard, éprouvant quelque sentiment de répulsion pour ce corps qui était placé près du banc qu'elle occupait dans l'église, avait ordonné qu'on l'éloignât. Peu de temps après, cette dame fut affectée d'un ulcère au sein, et son enfant unique, qu'elle nourrissait, devint malade et tomba bientôt à la dernière extrémité. Les médecins et les chirurgiens de Toulouse, qu'elle fit venir à diverses reprises, ne purent donner aucun soulagement à ses extrêmes souffrances. Son mari alors lui rappela le mépris qu'elle avait témoigné pour le corps de Germaine, et lui dit que peut-être Dieu s'en était offensé et voulait la punir par ce mal cruel dont elle souffrait. A ces paroles, la dame de Beauregard, rentrant en elle-même, s'agenouilla humblement et demanda pardon.

Le pardon ne se fit pas longtemps attendre. Durant la nuit suivante, la malade, s'éveillant tout à coup, vit dans sa chambre une grande clarté, et crut même reconnaître la bienheureuse Germaine qui l'assurait de sa guérison et de celle de son enfant. Pleine de joie, elle appela ses domestiques et leur dit ce qui venait de se passer : jetant ensuite les yeux sur sa plaie, elle la trouva déjà presque entièrement fermée. Elle se fit apporter aussitôt son fils, et l'enfant, parfaitement guéri, suça abondamment le lait qu'il refusait depuis plusieurs jours.

Dès le lendemain, la dame de Beauregard se rendit à l'église, où elle répara publiquement l'outrage qu'elle avait fait aux restes de la bienheureuse Germaine. Pénétrée en même temps de reconnaissance, elle offrit une caisse de plomb pour recevoir ce corps saint. Le curé et les plus notables habitants y enfermèrent eux-mêmes le dépôt vénérable, et il fut porté dans la sacristie.

XIX

Soixante ans s'étaient écoulés depuis la mort de Germaine, et un grand nombre de grâces et de miracles avaient été obtenus par son intercession, sans que l'autorité épiscopale eût paru en avoir aucune connaissance ; mais Dieu voulait que le nom et les œuvres de sa servante sortissent de cette longue obscurité. Le 22 septembre 1661, Jean Dufour, prêtre vénérable par ses vertus et par sa piété,

archidiacre de l'église métropolitaine et vi-
caire - général de l'archevêque de Toulouse,
Pierre de Marca, vint à Pibrac pour faire la
visite pastorale au nom de ce prélat. Sa présence avait attiré une foule considérable, et
les curieux étaient entrés avec lui dans la
sacristie. Là, son attention fut attirée par la
caisse qui renfermait les restes de Germaine.
Étonné de voir un cercueil en pareil lieu, il
le fit ouvrir après avoir pris quelques informations. Les témoins étaient en grand nombre : le corps fut trouvé tel qu'on l'avait vu
seize ans auparavant, enveloppé de même,
intact, admirablement conservé, et flexible.

Alors on raconta au vicaire-général les par-
ticularités de la vie de Germaine et de quelle
manière son corps avait été retiré de terre.
Pour ajouter plus de force à ses récits, Dieu
permit que deux vieillards, Pierre Paillès et
Jeanne Salaire, âgés l'un et l'autre de quatre-
vingts ans, se trouvassent là pour confirmer
toutes les dépositions que l'on venait de faire.

Non-seulement ils avaient connu Germaine, mais ils étaient de ceux-là même qui avaient vu le miracle des fleurs. Le vicaire-général admira les voies de la Providence, fit refermer le cercueil et dressa procès-verbal de tout. Cependant il défendit au curé, sous peine d'excommunication, d'exposer le corps à la vénération publique, ni de le changer du lieu où il venait d'être replacé dans la sacristie. Il permit toutefois de recevoir les offrandes que les fidèles pourraient faire au nom de la pieuse Germaine, jusqu'à ce qu'il plût au Seigneur de manifester plus clairement sa volonté à cet égard, ainsi que la sainteté de sa servante, et que l'Église, sans les ordres de laquelle on ne peut rendre de tels honneurs, en eût ordonné autrement.

XX

D'année en année de nouveaux et nombreux prodiges montrèrent visiblement que

Dieu voulait glorifier aux yeux des hommes celle dont la condition avait été si basse, l'humilité si profonde, la vie si pauvre et si cachée. C'est pourquoi l'on songea sérieusement à demander au Saint-Siége la béatification de Germaine, et l'on se mit en mesure de commencer dans ce but le procès informatif de l'évêque.

On appelle ainsi les informations que l'on prend sur les vertus des personnes qu'il est question de béatifier et sur les miracles que Dieu a faits par leur intercession. Ces sortes de recherches sont toujours très-longues et demandent de grandes formalités, à cause de la grande prudence que l'Église met dans toutes ses décisions. Il se passe ordinairement plusieurs années avant que les preuves soient trouvées assez certaines. Pendant qu'on se livrait à ces informations, les jours funestes de la Révolution arrivèrent. L'impiété fit fermer toutes les églises, renversa toutes les croix, fit mourir tous les prêtres dont ses adeptes purent se saisir et brûla une grande quantité de saintes reliques.

Les révolutionnaires de Pibrac et de Toulouse formèrent le projet d'anéantir le corps de Germaine Cousin, qui s'était jusque-là conservé tout entier, tel qu'il avait été trouvé dans son linceul cent cinquante ans auparavant.

Un fabricant de vases d'étain, de Toulouse, se chargea de ce sacrilége. Quatre hommes du village furent requis pour l'aider. L'un d'eux se sauva ; les autres consentirent à l'infamie qu'on leur demandait. Après avoir retiré le corps de la caisse en plomb, qui fut confisquée pour faire des balles, ils l'enfouirent dans la sacristie même et jetèrent dessus en abondance de l'eau et de la chaux vive, afin d'en assurer la rapide et complète dissolution.

Un prompt châtiment frappa ces trois misérables. L'un fut paralysé d'un bras, l'autre devint difforme, son cou se roidit et lui tourna hideusement la tête vers l'une des épaules ; le troisième fut atteint d'un mal aux reins qui le plia pour ainsi dire en deux, l'obligeant à marcher le corps entièrement vers la terre. Ce dernier porta son infirmité au tombeau. Les deux autres, plus de vingt ans après, recoururent humblement à l'innocente vierge dont ils avaient si indignement profané les restes, et obtinrent leur guérison de ses prières et de la clémence de Dieu.

XXI

Dès que les temps devinrent un peu meilleurs, le maire de Pibrac, cédant aux vœux des habitants, fit ouvrir la fosse. Ils eurent la consolation de voir que le complot des révolutionnaires n'avait pas entièrement réussi. Sauf les chairs, que la chaux vive avait dévorées, le reste du corps s'était conservé.

Le voile de soie qui entourait la tête, des fleurs, plusieurs autres objets, précipitamment enfouis avec la précieuse relique par les

violateurs de 1793, furent retrouvés intacts.
Le tout, recueilli avec soin et enveloppé d'un
très-beau suaire qu'offrit la piété du peuple,
reprit place dans la sacristie au même endroit
que les fidèles de Pibrac et les pèlerins du
dehors connaissaient depuis longtemps.

Lorsque le schisme eut disparu et que les
églises furent rouvertes, les fidèles purent
avoir la consolation de s'approcher du cercueil de la pieuse bergère, de le toucher, de
contempler de leurs yeux ses vénérables restes.
Le pèlerinage de Pibrac reprit une splendeur
nouvelle.

En toute saison les pèlerins affluaient à
Pibrac, non-seulement des cantons voisins,
mais même des provinces les plus éloignées.
Ils se tenaient dans l'église avec respect et re-
cueillement et la plupart y communiaient. On
remarquait parmi eux des personnes de la
plus haute classe, des prêtres en grand nombre ; on y vit même quelques évêques.

XXII

Le moment était venu de reprendre le procès de la béatification commencé il y avait déjà un grand nombre d'années. Un plus long retard pouvait obliger de l'abandonner à tout jamais. Le souvenir qui s'était conservé à l'aide des miracles, passant sans altération des pères aux enfants, allait s'obscurcir ou disparaître. La guerre, en dispersant la jeunesse loin des foyers paternels, avait rompu la chaîne jusque-là si nette des témoignages domestiques. Les générations nouvelles n'auraient pu attester que le souvenir général des grandes vertus de la bienheureuse et l'évidente continuité des miracles. Il importait d'interroger les anciens, ceux qui, venus au jour dans un temps plus tranquille et ne connaissant guère d'autre histoire que celle de leur village, la savaient parfaitement pour l'avoir recueillie de leurs ancêtres, qui avaient vécu presque en même temps que cette bergère dont la vie était le grand événement local. Dieu semblait conserver ces vieillards de quatre-vingts et de quatre-vingt-dix ans, afin de leur donner le temps de remettre à l'Église le dépôt des pieuses traditions qui allaient autrement mourir avec eux.

L'archevêque de Toulouse, Mgr d'Astros, confia spécialement le soin de la cause au zèle du prêtre qu'il y avait déjà employé. C'était M. l'abbé Estrade : ce digne prêtre est mort en 1863, camérier de SS. le Pape Pie IX, à qui il avait donné de grandes et courageuses marques de son dévouement durant les événements de la révolution romaine de 1848. Il était comme incorporé au clergé de la ville sainte, parmi lequel il jouissait de toute l'estime due à sa grande vertu. Il assembla les notables de la paroisse, leur exposa les projets de l'Archevêque pour la gloire de leur compatriote, la pieuse Germaine, et leur demanda de nommer à cet effet le postulateur de la cause. La réponse de ces bonnes gens eut de quoi l'étonner. Ils déclarèrent presque unanimement qu'ils ne donneraient point ce mandat; qu'ils ne voulaient point que leur sainte bergère fût béatifiée, et que sa gloire était assez grande par ses miracles et par le concours qui se faisait à son tombeau.

Le commissaire épiscopal devina le motif de cette opposition, si contraire aux sentiments de joie que la reprise de la cause avait d'abord fait éclater partout. Les habitants de Pibrac s'étaient faussement laissé persuader qu'après la béatification on viendrait leur enlever le corps de leur bienfaitrice, et qu'ils seraient ainsi privés de son secours. Lorsqu'ils apprirent que le grand-vicaire et les chanoines, membres de la commission épiscopale, se rendraient à Pibrac, ils crurent que c'était pour enlever le corps, et toute la pároisse se leva. Ils se rendirent sur la porte de l'église et sur celle du cimetière, bien résolus à ne pas se laisser ravir leur saint dépôt. Les commissaires, accueillis par des menaces et même des pierres, ne purent pénétrer dans l'église qu'après beaucoup de difficultés. « Point de béatification ! criaient-ils, Germaine nous guérit quand nous sommes malades, cela nous suffit. Nous voulons la garder ! »

Le grand-vicaire eut beau protester, les habitants ne le crurent pas, et leurs clameurs durèrent jusqu'à la fin de la séance. Le préfet et le procureur-général, instruits par le bruit public, voulurent sévir. L'Archevêque, heureusement, le sut et demanda grâce pour les coupables, à cause de leur attachement au trésor que la paroisse de Pibrac a le bonheur de posséder.

XXIII

On ne saurait énumérer tous les miracles que les informations firent connaître. Des maladies de toutes les espèces, des infirmités incurables et sur lesquelles les soins de la médecine humaine ne pouvaient rien, avaient été guéries en un instant par l'intercession de la sainte bergère ; des malades désespérés reprenaient subitement la plus florissante santé, et laissaient, en quittant son tombeau, des *ex-voto* suspendus dans l'église en témoignage de leur reconnaissance. Le récit de ces merveilles formerait un gros volume.

Pour continuer les démarches faites par ordre du Saint-Père, on choisit douze des plus éclatants miracles, afin de les faire examiner par des médecins et des hommes expérimentés. On voulait savoir si ces guérisons merveilleuses étaient bien prouvées, et si elles ne pouvaient pas avoir eu lieu par des moyens naturels, sans intervention miraculeuse. On entreprit de longs voyages pour reprendre de nouveau, sur les lieux mêmes, des informations qui n'avaient pas d'abord été assez complètes. A Bourges, Dieu confirma par un nouveau miracle ceux dont on recherchait en ce moment les preuves : pendant que les examinateurs tenaient une séance dans l'église d'un monastère, le pain se multiplia dans le four de la maison par l'intercession de la bienheureuse Germaine.

Après bien des retards occasionnés par les événements politiques, et encore plus par la sage et prudente sévérité que l'Eglise met dans des décisions si importantes à la gloire de la religion catholique, les preuves et les formalités se trouvèrent complètes. Le jour de l'Ascension, 5 mai 1853, le décret du pape approuvant les miracles, c'est-à-dire les reconnaissant pour véritables, fut publié dans l'église de Saint-Jean-de-Latran, à Rome. Le pape entendit les remerciements de Mgr Estrade, postulateur de la cause, et, dans la même archibasilique de Saint-Jean-de-Latran, le décret de béatification fut publié. Mgr Estrade partit pour Toulouse, où il vint remettre entre les mains de son archevêque cette pièce si précieuse et qui avait coûté tant de travaux.

Il fut alors permis de désigner désormais la

servante de Dieu sous le nom de la Bienheureuse Germaine, et d'exposer publiquement
ses reliques dans l'église à la vénération des
fidèles, et de célébrer la messe en son honneur le jour de sa fête qui fut fixée au
15 juin ; mais cette dernière permission fut
jusqu'à nouvel ordre limitée au diocèse de
Toulouse.

Les reliques de la Bienheureuse sont restées
à Pibrac, lieu de sa naissance. Un grand concours de pieux chrétiens continuent à s'y
rendre en pèlerinage, et leur espoir n'est pas
trompé : les grâces du ciel abondent sur ce
saint tombeau.

Tout le monde n'a pas la possibilité de faire
de grandes choses pour le service de Dieu ;
mais la véritable valeur de nos actions ne
vient ni de leur éclat, ni même de la difficulté
qui se trouve à les faire. Elles sont plus
grandes en proportion de ce qu'elles sont
animées de plus d'amour de Dieu et d'un
désir plus pur d'être agréables à Dieu. Con-

duire quelques animaux au pâturage, en prendre soin, pratiquer fidèlement ses devoirs religieux, obéir à ses parents, voilà tout ce qui a rempli la courte existence de la bergère de Pibrac. Cependant cette pauvre enfant plaisait tellement à Dieu qu'il lui avait accordé le don des miracles. Son humble vie lui a mérité une couronne dans le ciel et des autels sur la terre.

Bienheureuse Germaine, priez pour nous. Dans quelque position que nous ait placés la Providence, obtenez-nous la grâce d'imiter vos vertus et de faire toutes nos actions par amour pour Dieu.

APPENDICE

BREF DE BÉATIFICATION

PIE IX SOUVERAIN PONTIFE

POUR EN PERPÉTUER LA MÉMOIRE.

Dieu, créateur et arbitre immortel de toutes choses, n'a rien tant en horreur que l'orgueil insensé des hommes : aussi a-t-il frappé et rempli d'affliction ceux qui, comptant sur eux-mêmes, se sont laissés aller à une vaine présomption, tandis que, soutenant par son assistance divine les humbles et les petits, il les a destinés à l'accomplissement des œuvres les plus étonnantes. Nous le voyons dans l'histoire de l'Ancien-Testament, dirigeant lui-même la main d'un jeune homme, pour abattre l'audace de ce géant qui faisait l'espoir de l'armée des Philistins : nous le voyons encore, remplissant d'une ardeur guerrière une faible femme, pour mettre à mort Holopherne. De semblables prodiges se sont renouvelés dans tous les siècles suivants où Dieu s'est plu à choisir ce qu'il y avait de faible en ce monde pour confondre ce qui est fort. Nous en avons un exemple frappant au seizième siècle : on vit alors des hommes, enflés de je ne sais quelle vaine sagesse, ennemie de Dieu au-delà de toute mesure, essayer de captiver sous les lois de l'orgueil une intelligence qui se devait toute à la foi ; enfanter, pour la ruine des âmes, les plus abominables systèmes de monstrueuses erreurs. Mais, en même temps, une humble et simple fille, née dans un hameau sans renom, vraie et sincère dans la pratique de la piété, aidée d'en haut par l'esprit de sagesse et d'intelligence, dépassa tout ce qu'on pouvait attendre de son âge et de sa condition, dans l'exercice des plus sublimes vertus, et, comme un astre nouveau, elle répandit un merveilleux éclat,

non-seulement sur l'Eglise de France qui l'a-
vait vue naître, mais encore sur l'Eglise universelle. Or, ce fut à Pibrac, bourg du diocèse
de Toulouse, qu'elle naquit de parents pauvres, en 1579, et, sur les fonts sacrés du baptême, elle reçut le nom de GERMAINE. Desti-
née à souffrir, dès le début de sa carrière,
elle aperçut devant elle la voie des plus amè-
res douleurs, et elle y entra avec un cœur
plein de joie. Elle avait perdu sa mère de
bonne heure; et une marâtre sévère lui fit
éprouver les plus rudes traitements. Rejetée,
à son instigation, du toit paternel, tout affli-
gée qu'elle était d'une maladie scrofuleuse,
elle fut chargée de garder un troupeau. Ce
genre de vie fut pour cette vénérable jeune
fille l'occasion d'avancer à grands pas dans la
pratique de la perfection. La solitude des
champs et le silence des forêts ne lui offrant
rien qui pût fixer son cœur et l'attacher aux
choses périssables de la terre, elle le consacra
à Dieu irrévocablement. Brûlant d'amour

pour lui, soit qu'elle conduisît ses brebis aux pâturages, soit que, selon les habitudes de son sexe, elle filât sa quenouille, jamais elle ne perdit l'esprit d'oraison. Fidèle à ses pieuses pratiques, elle ne put être détournée de leur accomplissement ni par la longueur des trajets, ni par le mauvais état des chemins. Elle laissait son troupeau au milieu des forêts, et, se reposant avec confiance sur les soins de la Providence divine, quelqu'éloignée qu'elle fût de l'église, elle s'y rendait tous les jours pour assister au saint sacrifice. Elle aimait à se purifier souvent par le sacrement de pénitence; et puis elle allait s'asseoir à la table sainte, pour s'y nourrir de la Divine Eucharistie. Elle honorait d'une vénération toute filiale la sainte mère de Dieu, et lui rendait fréquemment les hommages de son respect et de sa dévotion. Son cœur tout brûlant d'amour pour Dieu ne s'en ouvrait pas moins à la charité envers le prochain : elle lui venait en aide, selon ses modiques ressources, toutes les fois que l'occasion s'en présentait, soit pour l'âme, soit pour le corps. Ainsi elle avait l'habitude d'enseigner aux enfants les mystères de la foi, et de les former à la piété ; et, quoiqu'elle n'eût, pour toute nourriture, qu'un peu de pain, elle s'en privait pour apaiser la faim des indigents. Elle donnait des preuves éclatantes et singulières de sa douceur, de sa patience et de sa constance dans le bien. Elle endurait, en veillant au troupeau qui lui était confié, les rigueurs du froid et du chaud. Elle souffrait, dès son enfance, de la maladie dont elle était atteinte. Toutes les fois qu'elle rentrait dans la maison paternelle, c'était de la part de sa marâtre des mauvais traitements, qui semblaient croître chaque jour en rigueur et en cruauté. Si elle voulait prendre un peu de repos, elle était obligée de se coucher sur la dure, dans un réduit obscur de la maison. Ces souffrances et ces vexations ne purent l'abattre ; bien au contraire, on vit toujours la gaieté sur son front, signe non équivoque du bonheur qu'elle ressentait de souffrir et d'être méprisée, pour devenir conforme à l'image du Fils de Dieu. Tandis que cette jeune fille pleine d'innocence persévérait avec joie et ardeur dans le dessein qu'elle avait formé de tendre à la perfection, mûre pour la récompense qu'avaient méritée ses travaux, elle reçut, à l'âge de vingt-deux ans, une vie éternellement bienheureuse en échange de cette vie périssable et pleine de douleurs. Tout le monde avait été frappé de la splendeur de tant de vertus : on la regardait comme une sainte ; et cette réputation de sainteté, loin de cesser ou de diminuer après sa mort, ne fit que s'étendre de tous côtés. Elle s'accrut même, lorsque, quarante ans après le décès de cette jeune vierge, on trouva ses dépouilles mortelles parfaitement conservées, sans la moindre corruption, et recouvertes de fleurs d'une fraîcheur remarquable. Ce prodige fut le prélude d'un nombre considérable d'autres prodiges que la puissance suprême opéra sur le tombeau de la servante de Dieu. Le bruit en vint aux oreilles de l'autorité archiépiscopale de Toulouse, qui jugea opportun d'informer juridiquement sur ces miracles et sur ces dépouilles mortelles encore dans le sein de la terre, mais toujours sans corruption : et deux témoins oculaires, qui avaient bien connu Germaine pendant sa vie, affirmèrent leur identité. Les prélats qui se succédèrent sur le siége de Toulouse reconnurent que ces rares vertus, auxquelles Dieu lui - même rendait témoignage, méritaient d'être déférées au Siége Apostolique, afin qu'il plaçât au rang des saints celle qui les avait pratiquées. Mais vinrent ces temps si douloureux et si funestes pour l'Eglise de France, et même pour l'Eglise universelle, qui mirent des obstacles à la poursuite de cette affaire. On ne saurait toutefois assez admirer les desseins de la divine Providence, qui a réservé cette cause pour l'époque où nous vivons, afin que l'exemple de cette jeune fille qui, par l'innocence de sa vie et la pratique de l'humilité, est parvenue à la gloire des bienheureux, ranime et fortifie la foi presque éteinte dans le cœur de plusieurs, et que les mœurs s'amendent selon les règles de la religion chrétienne. Néanmoins, comme il s'était écoulé 242 ans depuis la mort de la vénérable servante de Dieu, il semblait presque impossible de recueillir assez de témoignages pour informer et juger sur ses vertus, et sur les miracles opérés par son intercession, afin qu'elle pût être inscrite sur le catalogue des bienheureux. Mais Dieu qui élève les humbles a fait disparaître toutes les difficultés ; et il faut convenir que ce n'est pas sans une Providence toute spéciale que la tradition des actions de la vénérable Germaine, et de ses prodiges, soit parvenue jusqu'à nous constante et sans altération. Ce qui frappe d'abord, c'est que l'on voit encore à Pibrac des familles qu'on y voyait tandis que Germaine était encore sur la terre, et qu'il se soit rencontré dans ces familles des membres dont la vie ait été assez prolongée, pour qu'à l'aide de trois ou quatre témoins, le souvenir des faits soit arrivé jusqu'à nous. Tout ce qui touche aux vertus de cette innocente vierge et à la série non interrompue de ces miracles, a été transmis des bisaïeux aux aïeux, aux petits-fils et à leurs descendants, avec tant d'assurance et d'intégrité, que, pendant une si longue suite d'années, on remarque dans les récits de tous une admirable ingénuité, une admirable simplicité, un admirable accord; ce qui constitue des caractères très-certains et des preuves incontestables de vérité. Aussi, après un soigneux examen des vertus de la vénérable Germaine, fait par nos vénérables Frères les Cardinaux de la sainte Eglise romaine, préposés à la Congrégation des Rites, et après avoir adressé à Dieu de ferventes prières, Nous avons déclaré, par un décret publié le 8 des calendes de juin 1850, qu'il constait des vertus de la servante de Dieu en un degré héroïque. Alors, et dans la même Congrégation, a été commencé le jugement sur quatre miracles, que l'on disait avoir été opérés de Dieu par son intercession. Après un sévère examen, ces miracles furent approuvés, d'après les suffrages des Consulteurs et l'avis des Cardinaux ; et Nous, ayant d'abord imploré l'assistance et le secours du Père des lumières, avons rendu, le 3 des nones de mai, de l'année dernière 1853, un décret sur la vérité des miracles précités. Enfin, et pour dernière formalité, la susdite Congrégation a été assemblée devant Nous, selon l'usage, la veille des calendes de juin, et, après avoir recueilli les suffrages des consulteurs, elle a été d'avis, à l'unanimité, que, lorsque Nous le trouverions à propos, on pourrait en sûreté décerner à la vénérable servante de Dieu les honneurs de la béatification, avec tous les indults qui y sont attachés, en attendant la célébration solennelle de sa canonisation. Pour Nous, touché des prières de tous les évêques de France, de tout le clergé tant régulier que séculier, sur l'avis des Cardinaux précités, chargés de veiller à ce qui regarde les rites légitimes, de notre autorité apostolique, accordons, par la teneur des présentes lettres, la faculté de désigner désormais la vénérable servante de Dieu Germaine Cousin, sous le nom de Bienheureuse, et d'exposer publiquement à la vénération des fidèles son corps, ses restes ou reliques, avec la restriction cependant, qu'ils ne seront pas portés aux processions solennelles. Nous permettons encore, par la même autorité, la récitation de l'office en son honneur, et la célébration de la messe prise du Commun des vierges, avec les oraisons propres, approuvées par Nous, selon les rubriques du Missel et du Bréviaire romain. Nous limitons toutefois cette faculté à la paroisse de Pibrac et au diocèse de Toulouse, fixant le 15 juin à tous les fidèles séculiers et réguliers qui sont tenus à la récitation des heures canoniales ; et, pour la messe, elle pourra être célébrée par les prêtres qui se rendront dans les églises où se célébrera la fête de la Bienheureuse. Nous accordons, enfin, la permission de célébrer la solennité de la béatification de la susdite servante de Dieu dans les églises du diocèse de Toulouse, avec office et messe du rit double-majeur, dans l'année qui suivra l'expédition des présentes. Nous prescrivons, toutefois, que le jour de cette solennité sera fixé par l'Ordinaire, et après seulement qu'elle aura été célébrée dans la basilique du Vatican, nonobstant les constitutions et dispositions apostoliques, décrets de non-culte, publiés jusqu'à ce jour, et tous actes contraires.

Nous voulons, au surplus, que même foi absolument soit ajoutée aux copies, même imprimées, des présentes Lettres, pourvu qu'elles soient signées de la main du secrétaire de la susdite Congrégation, et munies du sceau de son Préfet, que celle qu'on ajouterait à l'expression de notre volonté par la manifestation des Présentes.

Donné à Rome, à Saint-Pierre, sous l'anneau du Pêcheur, le premier jour du mois de juillet 1853, la huitième année de notre pontificat.

A. Card. LAMBRUSCHINI.

Imprimé par Ch. Noblet, rue Soufflot, 18.

IMPRIMÉ PAR CHARLES NOBLET

18, RUE SOUFFLOT

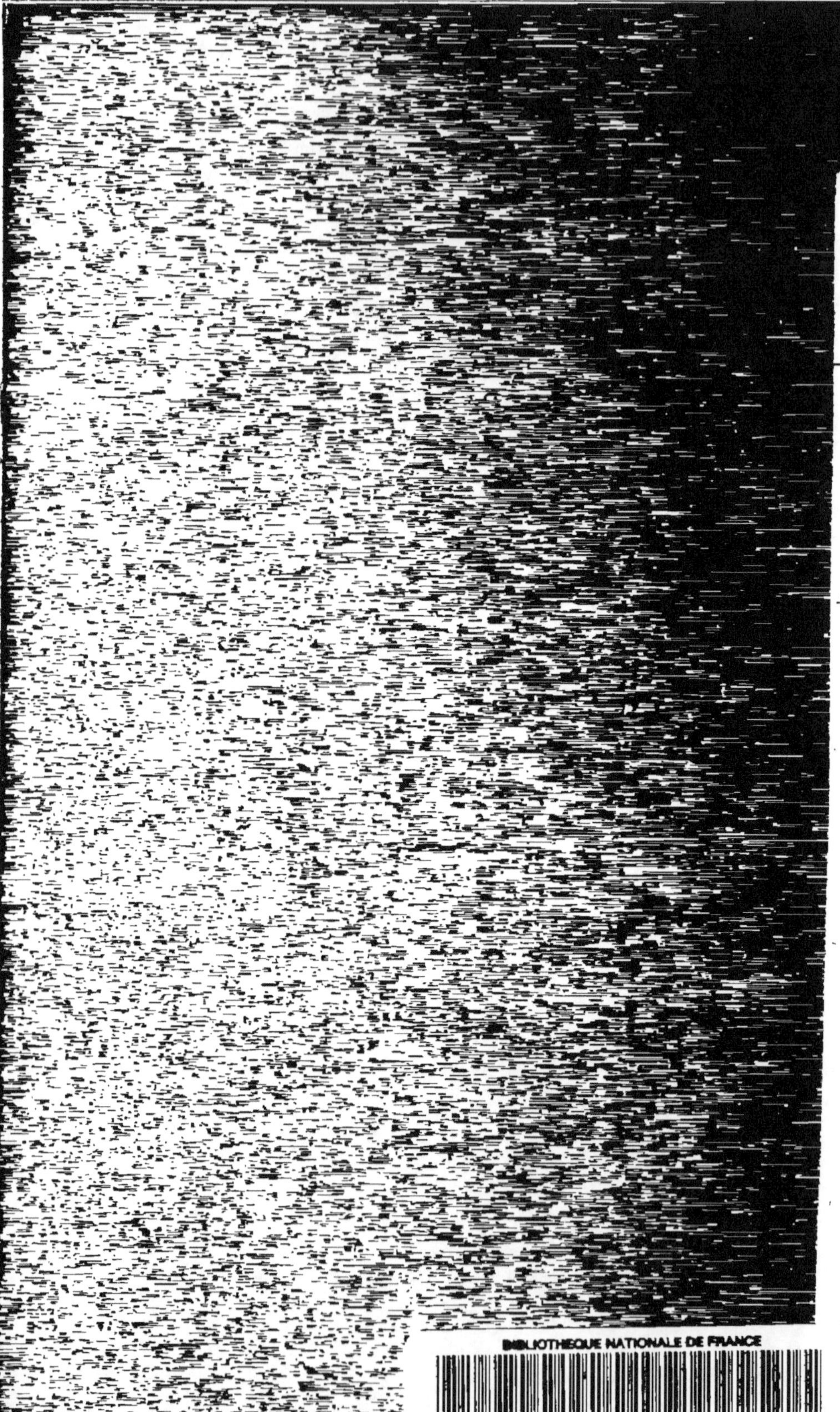